お金と経済のしくみがよくわかる本

会社をつくろう ①

どんな会社をつくりたい？

監修 あんびるえつこ・福島美邦子

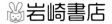
岩崎書店

はじめに

　みなさんは「会社をつくった人」と聞くと、どのような人をイメージしますか？　新しいことに敏感な人、部下にかっこよく指示する人…もしかしたら"お金持ち"なんていうイメージもあるかもしれませんね。このようなイメージは、『会社をつくろう』という本を読み進めていくと少し変わってくるのではないかと思います。

　この本は、わたしの古くからの友人である福島美邦子さんにいっしょに監修をしていただきました。福島さんは「会社をつくった人」であり、現役の社長さんです。本の中にも「ふくふくさん」として登場し、設立までの道のりや細かい知識をいろいろ教えてくださいました。ですが、福島さんはテレビドラマによく登場する"いばったカリスマ社長"という感じではありません。謙虚に、そして積極的にまわりの人の声を聞いてビジネスを展開していく、ねばり強い人です。本を読み進めていくと、会社をつくるためには、必要なモノややらなくてはいけないこと、決めなくてはいけないことが山ほどあることがわかるでしょう。でもひとりでできること、考えられることにはかぎりがあります。会社をつくるのに必要なのは、「ふくふくさん」のようなねばり強さと、そして周囲の人を大切にする心なのではないかと、わたしは感じています。

　今、日本には、およそ178万もの会社企業があります。[1] ですが「AIの導入によって日本の労働人口の49%の仕事がなくなる」[2] というレポートがしめすように、今後大きく社会環境が変わることはまちがいないでしょう。こうした変化のときだからこそ、みなさんのような若い力が「会社」を新しくし、世の中に活力をあたえ、よりよい社会へ導いていくのではないかと思うのです。どうぞ『会社をつくろう』3冊を通して読んでみてください。そして、主人公といっしょにいろいろな知識を得ると同時に、会社をつくるのに必要な、あきらめないねばり強さや、まわりの人の声に耳をかたむける心を養ってくれることを願っています。

あんびるえつこ

※1 総務省・経済産業省「令和3年経済センサス - 活動調査」　※2 野村総合研究所とオックスフォード大学の共同研究2015年12月

会社やお店をつくる
ためにやることを
まとめてみたよ

どんなことをするのかな？

会社づくりマップ

スタート！

どんな
会社・お店を
つくりたいか
考える

会社とは
なにか
考えてみる

理念や
名前を決める

会社を
始めるために
必要な費用を
おおまかに
計算してみる

1巻はここまで

事業計画書を
つくる

会社をつくる
スケジュールを
考える

資本金を集める

活動を広く
知らせる

お店や会社に
必要な人材を
集める

お店の
価格戦略を
考える

会社を設立する

会社はつくったら
終わりじゃないよ。
会社をつづけるためには
どうしたらいいか
考えよう

はたらく人を
やとうための
費用や労働環境
を考える

お客をよぶ
方法を考える

売り上げ目標を
決める

2巻はここまで

売り上げを
まとめる

税金を
おさめる

もうけたお金を
活用する

3

もくじ

はじめに …………………………………………………………… 2

会社づくりマップ ………………………………………………… 3

もくじ ……………………………………………………………… 4

1章 自分たちでお店をつくりたい！ …………… 6

どんな会社をつくりたい？ ……………………………………… 8

どんなカフェにしたい？ ………………………………………… 10

どんなメニューにする？ ………………………………………… 12

お店の場所やサービスを考える ………………………………… 14

起業家体験をしてみよう …………………………………… 16

2章 自分たちで会社をつくれる？ ………………… 18

会社ってなんだろう？ …………………………………………… 20

会社のいろいろなかたち ………………………………………… 22

会社の理念を考えよう …………………………………………… 24

会社の名前を決めよう …………………………………………… 26

起業家の先輩にお話をきいてみよう ……………………… 28

3章 会社をつくる準備を始めよう！ ………… 32

カフェを開業するためにどれくらい費用がかかるの？ ………… 34

メニューをつくるためにどれくらい費用がかかるの？ ………… 36

お店を運営するためにどれくらい費用がかかるの？ ………… 38

必要な費用をまとめてみよう ………… 40

開店までのスケジュールを考えよう ………… 42

事業計画書をつくってみよう ………… 44

もっと知りたい！ 会社づくり用語集 ………… 46

さくいん ………… 47

1章

自分たちでお店をつくりたい！

やあ、アヤちゃん、ヒロくん
ひさしぶりだね…

おじいさん!!
お店やめちゃうの!?

え?

おじいさ〜ん

今ね、ヒロと
商店街がさびしく
なっちゃったねって
話してて

ちょうど
シャッターを
しめているのが
見えたから…

はっはっはっ
今日はもう店をしめる
時間だからね

でも…

わしももう80歳だし
そろそろやめようかと
思ってはいるよ

そんなあ…

もうあんまり子どもも
来なくなったしね

子どもが
来るように
なったら
商店街もまた
にぎやかに
なるかな?

子どもだけじゃ
たいして
変わらないよ

そうだ!何か新しいお店を
つくればいいんじゃない?

みんなが
来たくなる
ようなお店!

だれがつくるの
そのお店?

わたしたち!

え!?

この前テレビで
見たんだよね
子どもが会社
つくってるって

だからきっと
わたしたちにも
できるよ!

はっはっは!
じゃあ、わしの店を
使ってもいいぞ

ヒロも
やるん
だよ!

ええ…

ありがとう
ございます!

どんな会社をつくりたい？

● やってみたいことを出し合う

まずは「商店街をにぎやかにする」という目的のために、「自分がやってみたいこと」を出し合ってみましょう。「自分の好きなこと」や「自分の得意なこと」から考えてみるとよいでしょう。たとえば、「商店街にコンサートホールをつくりたい」のような大がかりなアイデアでもいいですね。実際に「できるか、できないか」はひとまず考えずに、自由にどんどん出し合ってみましょう。

世界中のおいしいものが食べたい！

マンガをたくさん読みたいな

友だちといっしょにゲームをしたい！

塾の時間まですごせるところがほしいな…

● 「どんな人がうれしいか」をもとに考える

アイデアが集まったら、次はそのアイデアが、実際に「できるか、できないか」を考えます。そのためには、それぞれのアイデアが実現したら「うれしいかどうか」を基準にするといいでしょう。「商店街にコンサートホールをつくりたい」というアイデアは、実現したらだれもがうれしいでしょうか。「みんながうれしい」と思うことが、本来の目的の「商店街をにぎやかにする」ことにつながっていくのです。

特産品をアピールできるお店がいいな。地元の食材を使った料理やおかしとか、町に来てくれた観光客にもよろこばれると思う。

大学生や大人の人に、勉強を教われる場所があるといいな。将棋や手品とかも教わってみたい。

子育て中の人や、お年寄りなど、いろいろな世代の人が交流できて、気軽に集まれる場所だといいな。オープンしたら先生も遊びに行ってみたいな。

いろいろな人が集まれるカフェみたいなお店がいいかなあ

どんなカフェにしたい？

部員たちから意見をもらったアヤとヒロは、「商店街をにぎやかにする」という目的のために、「みんなが集まれるカフェ」をつくろうと決めました。そこには、地元にくらす子どもから大人まで、さまざまな世代や立場の人たちが気軽に来られるような場所にしたいという思いがこめられています。「みんなが集まれる」のはどんなカフェか、考えてみましょう。

どんなお店にしたいか考えてみよう

Step1 お店のメニューを考える

Step2 お店を出す場所を考える

Step3 サービスの内容を考える

どんな場所に カフェをつくる？

「みんなが集まれるカフェ」は、どんな場所にある、どんな形態のカフェでしょう。大きな通りに面したお店でしょうか。キッチンカーで移動販売をすることを考えてもいいかもしれません。どんなお客さんに来てほしいのかということもあわせて考えましょう。

どんなメニューを出す？

自分の好きな食べ物がメニューにあればうれしいですが、「みんなが集まれるカフェ」にするなら、メニューにあるといいのは、好きな人が多い（きらいな人が少ない）食べ物です。子どもから大人まで、どんな世代の人でもよろこんで食べられる食べ物には、何があるかを考えてみましょう。

どんなサービスをする？

食べ物や飲み物を、お客さんに提供するのがカフェですが、さまざまな世代や立場の人たちが集まれるようにするには、それ以外のサービスもあったほうが、よりたくさんの人が集まりやすくなります。おとずれた人が、飲んで食べていくだけでなく、ほかにどんなサービスがあればよろこんでくれるのかを考えてみましょう。

どんなメニューにする？

まずはカフェの定番となるメインメニューを決めます。そのうえで、ほかのお店にはない、自分たちの「顔」になる看板メニューを開発します。クッキーのような、日もちがして持ち帰りやすい商品があると、サイドメニューやおみやげに対応できるので、メニューに加えるとよいですね。

◉ メインになるメニューを決める

「カフェ（cafe）」は、もともとフランス語で「コーヒー」の意味ですが、今は「飲み物と軽食を提供するお店」の意味で使われることがほとんどです。まずは、「みんなが集まれるカフェ」の定番メニューとしては、何をメインに提供すればよいかを考えましょう。

> カフェと言ったらコーヒーだけど飲めない人もいるよね。大人も子どもも飲めるものがあるといいな

> 特産品を使ったメニューをメインにしようよ。うちの町はお茶が特産だから定番メニューはお茶がいいかも

> 季節限定のメニューもあると楽しいよね！

SDGs！
SDGsの考え方も取り入れよう

SDGs（Sustainable Development Goals）とは、「持続可能な開発目標」の略称で、さまざまな分野において地球環境にこれ以上負担をかけないくらしをすることが求められています。飲食店でも食品ロスをなくすなど、さまざまな取り組みができます。

▲規格外で売り先がなくなった野菜や果物などを使ってメニューをつくる。

▲人工林を整備するときに出る木材（間伐材）でできた製品を使う。

▲生ごみを、微生物の力を使って、たい肥に変え、野菜などの肥料にする。

● サイドメニューを考える

メインとなる定番メニューが決まったら、それ以外のサイドメニューを考えます。定番メニューに合うもの、どんな世代の人でも好きなもの、自分が好きなものなど、「みんなが集まれるカフェ」のメニューを考えていきます。

フードメニュー

飲み物以外に、おなかがすいた人が食べられるフードメニューがあるといいでしょう。さっとつくれて、軽く食べられるものを中心に考えます。

スイーツメニュー

3時のおやつや、食後のデザート、つかれたときにほしくなるあまいものは、メニューにあるとよろこばれます。飲み物のメニューとセットで考えてもいいですね。

限定メニュー

その時期しか食べられないような期間限定メニューや、季節限定メニューがあると、特別感が増します。限定品を求めて、お客さんがやってきます。

● お店に置いてあるとうれしいものを考える

カフェには、飲食以外の目的で来るお客さんも多くいます。お店に入ってからお店を出ていくまでに、お客さんはどのようにすごしたいのかを考えてみましょう。のんびり何も考えずすごしたい、集中して勉強したいなど、いろいろなすごし方を想定すれば、それぞれの場面で、置いてあるとうれしいものが見えてきます。ただし、場所を独占する人がいないようルールづくりも必要です。

新聞や本

新聞や雑誌、マンガ本、絵本など、静かに読んですごせるもの。

電源など

スマートフォンやタブレットを使いたい人のために、電源や充電器、Wi-Fiなどを設置しておく。

雑貨や工芸品

地元の工芸品や、福祉施設でつくった雑貨などを置いて、地域の紹介コーナーをつくり、販売する。

おみやげになる商品

地元の特産品のおかしや、地域限定の小物など、ちょっとしたおみやげになる商品を、レジの横などに置いて販売する。

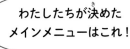

わたしたちが決めたメインメニューはこれ！

地元の特産品 お茶

地元の特産品を使ったりクッキーなどに規格外の野菜や果物を使ったりしてSDGsの視点も取り入れたいね

お店の場所やサービスを考える

お客さんに提供するものが決まったら、「みんなが集まれるカフェ」として、どんなお店にするのか、具体的に考えてみましょう。お店を出す場所、「みんな」とはどんな人たちで、どんなお客さんに来てもらいたいのか、それに合ったお店の「かたち」を決めていきます。

● どこで開店するか決める

開店する場所は、お客さんが立ち寄りやすい駅から近い場所、人が集まる商店街など、お客さんがおとずれやすい場所が望ましいですが、そういう場所にお店を出すには大きな費用がかかります。つくりたいお店や提供するメニューなどとあわせて考えましょう。

路面店・雑居ビル

人通りの多い場所にあるお店は、多くの人の目につきやすい。前のお店の設備などが残っていれば、それを再利用することで費用をおさえることもできる。そのような物件を探してもよい。

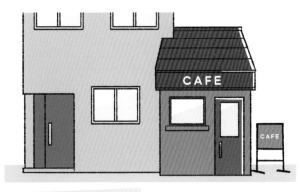

自宅などを改装する

自分の家の一部や駐車場などを改装して、お店をつくることもできる。食べ物を提供する場所として改装するときは、いろいろな条件があるので、保健所への相談が必要。

移動販売

自動車でいろいろな場所に移動しながら売る形態で、キッチンカーなどが代表的。売る場所を自由に選べるので、人の多い時間帯をねらってお店を開くこともできる。
※出店には許可が必要です。

ショッピングセンターなどのテナント

ショッピングセンターなどの商業施設の一角を借りて、お店を開く方法。商業施設に来るお客さんをターゲットにできる。

実際のお店をもたない、ネットショップという方法もあるよ

● 飲食以外のサービスを考える

「みんなが集まれるカフェ」として、どんな人に来てほしいか、来てくれた人に何を感じてほしいかを考えます。「カフェ」として飲食を提供する以外に、お店でできることが見えてくるでしょう。このお店だからこそできることを具体的に出し合って、決めていきます。

ペットも
入れると
いいよね！

お客さんが本を読んだり、勉強したり、パソコンを広げて調べものをしたりもできる。

店内のかべや小さなスペースを利用してミニギャラリーをつくり、絵画や工芸品などを展示する。

地元の工芸品や福祉施設でつくられた雑貨などを商品として売るために置き、お客さんに手にとってもらうようにする。

歌や楽器の演奏が聴けるミニコンサートや、講師をむかえてのワークショップなど、イベントを開く。

おお、これは楽しそうだ

みんなが集まれる場所
にしたいと思って…

部活のみんなと
アイデアを出して
みたんです

みなさん、
何かやるん
ですか？

15

起業家体験をしてみよう

小さいうちから起業の精神や方法を学ぶため、子どもたちが起業して利益を得るまでを実際に体験するセミナーをおこなっているところがあります。その一例を紹介しましょう。

•お話をうかがったかた•

大野圭司さん
株式会社ジブンノオト代表取締役

大野さんが生まれ育ったのは、山口県の周防大島です。中学3年生のとき、当時住んでいた東和町(現・周防大島町)の高齢化率が41.5％で、それが日本一だと知りました。そこで自分の生まれ故郷を活性化しようと、将来はこの島で起業する決心をしました。実際に株式会社ジブンノオトを周防大島につくってから、未来をになう子どもたちにも、起業家精神を養ってほしいとの思いから、子ども向け起業家セミナーをおこなったり、各学校で講演をしたりしています。

捨てられてしまうみかんを救え!
新しいドリンクが解決策に?

今回ご紹介するのは、2018年に山口県の周防大島でおこなわれた、小中学生の起業体験キャンプのようすです。周防大島は、山口県のみかん生産量の約9割をになう名産地ですが、いっぽうで、生産過程で間引きされて捨てられるみかんの問題もかかえています。このキャンプに参加した子どもたちは、「捨てられてしまうみかん」問題の解決策として、それらのみかんを使った新しいドリンクを開発し、そのドリンクを売って利益を出すという「起業」を体験します。

新しいドリンクは、レモンからつくられるレモネードを模して、みかんからつくられる「ミカネード」と命名。はたしてどんなドリンクができるでしょうか?

周防大島の新たな名物になるか
みかんを使った「ミカネード」

2泊3日のキャンプでは、①「ミカネード」の商品化、②商品販売実習、③地元旅行会社などに向けたプレゼンテーションをおこないました。

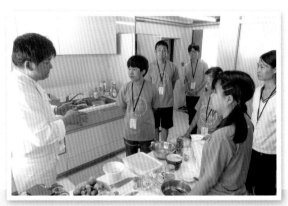

プロの料理人にコツを教わります。どのような配合にしたらよいのかなど、商品のもっとも大事な部分になるので、みんな真剣です。

いざ実践。捨てられるはずだったみかんを切ったり、しぼったりして、新しい形に生まれ変わらせます。

「すっぱすぎても飲みづらいよね」「じゃあ、もっとはちみつを入れる？」試行錯誤をくり返して、「ミカネード」が完成！

接客講座を受け、「ミカネード」を実際に販売します。お客さんが買いに来てくれました！

起業へ向けての商品化プレゼンテーションも実施。「ミカネード」が、周防大島名物ドリンクになる日も近いかもしれません。

おいしいよ！

自分たちで会社をつくれる？

こんにちは

何かあったんですか？

おお、会長さん
いいところに

商店会の会長さん

じつはこの子たちが
商店街に新しい店があると
いいと言っていてね

この子たちが？

わたしたち商店街を
もう一度にぎやかに
したいんです！

だから何かみんなが
来たくなるような
お店ができたらなって

商店街がにぎやかに
なるのは大賛成だよ。
会長としてとても
うれしい！

それで…
そのお店はだれが
やるのかな？

わたしたちで
やりたいんです！

えっ!?
きみたちが!?

そうなんだよ
おもしろそうだろう？

アヤちゃん、ヒロくん、
お店をつくりたいなら
会長さんに相談すると
いいよ

いろいろ教えて
くれると思うよ

よろしく
お願いします！

ところで…

きみたちが考えているお店はボランティアなのかい？

それとも個人商店？

できればいろいろな人と協力してお店をつくりたいんです

お店ではたらいてもらう人にお給料もはらいたいし…

ふむふむ

じゃあ会社をつくって

お店を運営するということだね

会社

お店

そうです！ぼくたち…

わたしたちにもできるでしょうか!?

ええと…

たじたじ…

ぐいぐい

そうだ！きみたちは何歳？

14歳です

来週の誕生日で15歳です！

15歳なら大丈夫だよ

ほんとですか？

やったあ！

会長さんありがとうございます

会社のこともっと教えてください！

19

会社ってなんだろう？

会社とは、同じ目的をもつ人たちが集まって、ものやサービスを提供し、利益を得るための組織のことです。カフェを開こうと決めたアヤたちは、商店会の会長さんのアドバイスを受けて、会社をつくってカフェを運営することにしました。

会社のことを知ろう

Step1 どんなことができるのかな？

Step2 メリットやリスクは？

Step3 会社の種類を知ろう

Step4 理念を決めよう

Step5 会社の名前を考えよう

会社では
どんなことが
できると思う？

新しい商品を
つくりやすく
なりそう

ものをたくさん
売ることが
できると思う

何かをつくるときに
材料を集めやすく
なるかも

たくさんの人が
はたらけるよね

ひとりじゃ
できないことも、
みんなで協力すれば
できそうだよね

はたらいている人が
自分の特技を
いかせそうだね

お金は
もうかるのかな

● 会社をつくるメリットとリスク

　会社を設立することで、自分がやりたいことに出資をしてもらい、そのお金でくらしや社会に役立つものやサービスを生み出していくことができます。

目的をもって事業をおこなうことで利益が生まれ、その利益で新たな事業を展開していきます。しかし、会社を設立するとリスクを負うこともあります。

会社をつくるメリット

社会的な信用を得られる

会社は、どのような人(事業者)が運営しているのか、お金の流れ(収支)がどうなっているのかを明らかにする必要があるため、社会的な信用を得やすいというメリットがあります。社会的な信用を得ることで、銀行などからお金を借りやすくなります。

役割分担をすることができる

ひとりではできないことも、さまざまな人が集まり、それぞれが得意なことをすることで、より大きな仕事をすることができます。

個人事業よりも社会的な信用を得やすいんだよ

会社をつくるリスク

始めるためにお金がかかる

会社を始めるためのお金(資本金)を自分で用意する必要があります。また、会社を設立するための手続きなどに手間とお金がかかります。

もうやめたい…

すぐにやめられない

会社の運営がうまくいかず、「今すぐやめたい」と思っても、やとった従業員や取引先への責任があるため、すぐにやめることはできません。

こんなに返せないよ〜

借金　借金　借金

借金をかかえることもある

銀行などからお金を借りた(融資を受けた)場合、たとえもうけが出なくても返さないといけません。お金を返すために自宅を売るといったこともあります。

会社のいろいろなかたち

日本でつくれる会社には、株式会社、合同会社、合資会社、合名会社の4種類があります。ここでは、もっとも多い形態である株式会社と、最近増えている合同会社について紹介します。アヤたちが考える会社の「かたち」は、どのようになるでしょうか。

● 会社をつくれるのは何歳から？

　会社をつくることに関する法律をまとめた会社法では、会社をつくる年齢に、とくに制限をもうけていません。したがって、何歳からでも会社をつくることができます。ただし、会社をつくるときに必要な印鑑証明書（本人の印鑑であることを証明する書類）を発行してもらえるのが15歳からなので、実際は「15歳になれば、自分で会社をつくれる」といえるでしょう。

> 15歳になっていなくても、会社の経営をすることはできるんだね

15歳未満の場合

15歳未満は、大人である親といっしょになら会社をつくることができます。この場合、親が会社の代表取締役になり、子どもは取締役などの役員に就任します。労働基準法では、15歳以下の子どもが「労働者」としてはたらくことはできないと定められていますが、役員であれば労働者にあたらないとされているため、15歳未満でも就任することができます。

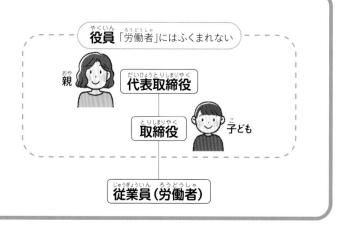

役員　「労働者」にはふくまれない
親　代表取締役
取締役　子ども
従業員（労働者）

15歳以上の場合

15歳以上であれば、自分の住む自治体で印鑑登録をすることができます。印鑑登録をすると、会社を設立するときに必要な印鑑証明書を発行してもらえます。ただし、18歳未満の未成年の場合、印鑑証明書のほか、親が会社設立に同意していることをしめす同意書、親とのつながりがわかる戸籍謄本が必要になります。成人すると、自分の意思だけで会社を設立することができます。

印鑑登録

● 株式会社ってどんな会社？

「株式会社」は、株式を発行して資金を集め、その資金をもとに経営をしていく会社のことです。会社のかたちとしてもっともよく知られており、資金をたくさんの人から集めることができるため、大きな経済活動をおこなうことができます。また、会社の経済状況をしめす数字を公表すること（決算報告な

ど）が義務づけられているため、社会的信用度が高いことが特徴です。

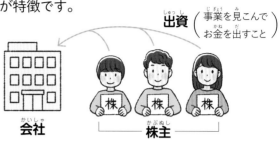

出資（事業を見こんでお金を出すこと）

会社　株主

株式会社のしくみ

株式を発行して資金を集め、集めた資金で事業をおこないます。利益が出たら、株主に配当金を分配します。株主は年に1度おこなわれる株主総会に参加して、会社の経営に意見をすることができます。

株式会社
経営者（代表取締役社長）
取締役会
仕事の具体的な内容を決める。

集めた資金でものやサービスを生み出す。

株式を発行

株式市場（株式を取引する場所）に上場（証券取引所で株を売買できるようにすること）すると、不特定多数の人から資金を集めることができる。

株主総会
経営の基本的な方針を決め、取締役などの役員を選ぶ。

出資

株主
株式を買うことで資金を提供する。

毎年1回開かれる株主総会に出席し、経営に意見できる。

利益が出たら、株主は配当金をもらえる。

● 株式会社と合同会社のちがい

株式会社と合同会社のちがうところは、株式を発行するかどうかという点です。合同会社は出資者が経営者となるため、株式を発行して資金を集めることができません。その代わり、決算報告の必要がなく、株主総会や取締役会もないため、会社の方針決定をすばやくおこなえます。

合同会社は規模が小さく、少人数で経営をおこなうのに向いているよ

	株式会社	合同会社
株式	発行できる	発行できない
出資者と経営者	分けられる	同じ
株主総会	開く	開かない
決算報告	必要	不要
役員の任期	2年	規定なし

会社の理念を考えよう

アヤたちは「商店街をにぎやかにする」という目的でお店を開くことにしました。会社をつくる目的や、だれに向けての事業なのか、社会の中でどのような存在でありたいかといった理念をはっきりさせておきましょう。

● なんのために会社をつくるのか考えよう

理念とは、会社の経営の根本となる考え方のこと。会社ではたらく人たちの心がまえとなります。社会状況が変化したり、経営が順調にいかなかったりしたときに、立ちもどって考えるためにも、なんのために会社をつくるのか自分の思いを整理してみましょう。

会社の理念に必要な内容

- 何を目的として経営をおこなうのか
- だれに向かって事業をおこなうのか
- 社会の中でどのような存在でありたいのか
- 将来はどういう会社にしたいのか

どんなものを提供したい？

地元の食材を使って、毎日でも食べたり飲んだりしたくなるメニューを出したいな。見た目もかわいくておしゃれだともっといいな。

だれのために？

お客さんは地元の人たちが多いと思うから、子どもからお年寄りまで、はば広く来てほしいな。

どんな場所にしたい？

お客さんどうしが仲よくなって、友だちやサークル活動、助け合いのネットワークができるといいな。

お客さんに感じてほしいことは？

おいしいメニューを楽しみながら、店員さんやほかのお客さんとの会話でいやされたり、元気になったりしてほしいな。

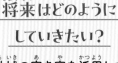

将来はどのようにしていきたい？

地域の空き家を活用してお店を増やしたり、ちがうスタイルのお店をつくったりしてみたいな。

自分が大事にしたいことを思いうかべてみよう

● 自分には何ができるのか考えよう

会社は組織なので、みんなで協力して運営していく必要があります。共通する目的・理想である「会社の理念」に対して、自分には何ができるのか、何をすればいいのかを考えてみましょう。自分の好きなことや得意なこと、何年もつづけていることなどを思い出してみてもいいでしょう。

自分の強みを生かす

人にはそれぞれ「得意なこと」があります。「ずっと学級委員長をやってきたからみんなをまとめるのが得意」「だれかをサポートするのが得意」など、それぞれの「強み」を会社での役割にいかしましょう。

人をまとめるのが得意だから、社長をやってみたい

だれかをフォローする仕事がしたい

人と話すのが得意だよ

自分の弱みをフォローしてもらう

だれでも「苦手なこと」もありますが、「会社」はみんなで動かしていくものなので、だれかの「弱み」はだれかの「強み」であるかもしれません。自分にできないことはだれかに助けてもらうことで、役割分担ができていきます。

フォローが得意

まとめるのが得意

会社

売りこむのが得意

計算が得意

● 社会から求められているか考えることも必要

自分たちで決めた会社の理念は、自分たちだけに通じるひとりよがりなものになっていないでしょうか。自分たちの外、つまり社会から見て、会社でおこなう事業が必要とされているか、客観的に考えてみる必要もあります。

地域の活性化につながるか

社会からどんなことを求められているか考えてみましょう。自分たちの事業が、地元にどのように役立つか、地球環境のことを考えているかといった視点からも見直してみてください。

できるだけごみを出さないような工夫ができないだろうか…

必要とされる事業か

会社でおこなう事業が、地元の人たちが必要としているかどうかも大切です。コーヒーや紅茶を飲める場所というだけでなく、地域の人びとが集まり、コミュニケーションの場として利用できるといいですね。

地元のお茶を飲みながら、お祭りの準備をしたり、学校の宿題をしたりできるといいな

会社の名前を決めよう

自分たちの思いがつまった会社の名前を考えましょう。会社の名前のことを「商号」といい、法務局に登記します。基本的に好きな名前をつけられますが、守らなければいけないルールがあるので、ここではそのルールを紹介します。

● 会社の名前をつけるためのルール

会社に名前をつけるときには、いくつかルールがあります。

ルール1 会社の種類を入れる

会社のかたちがわかるように、名前には「株式会社」や「合同会社」を入れます。つけたい名前の前に入れても後ろに入れてもかまいません。

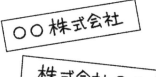

どっちがいいかな...

ルール2 その会社名が使えるかどうか調べる

同じ住所に同じ名前の会社をつくることはできないので、国税庁の法人番号公表サイト(https://www.houjin-bangou.nta.go.jp/)などで、その会社名が使えるかどうか確認しましょう。

同じビルの中に同じ名前の会社があったら、混乱してしまうよね。同じ市区町村の中にも、同じ名前の会社がないほうがいいと思うよ

商標登録されている名前は使えないよ

ほかの会社がつくっていて商標登録されている商品名や有名なキャラクターの名前を、別の会社の名前にすることはできません。

ルール3 社会的によくない名前はだめ

犯罪に関する言葉やわいせつな言葉など「公序良俗に反する語句」は使えません。また、消防署、市役所など官公署にそっくりな名前もつけてはいけません。

ルール4　決められた業種しか使えない名前がある

「銀行」「信託」「生命保険」など、その業種の会社しか使ってはいけないとされている名前もあります。

ルール5　使える文字・使えない文字がある

どんな文字でも会社の名前に使っていいわけではありません。漢字、ひらがな、カタカナのほか、アルファベットやアラビア数字、一部の記号は使うことができますが、それ以外の文字や記号は使うことができません。

	使える	使えない
文字	漢字、ひらがな、カタカナ、アラビア数字(1、2、3…)、アルファベット(ローマ字)	ローマ数字(Ⅰ、Ⅱ、Ⅲ…)、アルファベット(ローマ字)以外の外国語の文字
記号	「&」「'(アポストロフィー)」「,(コンマ)」「-(ハイフン)」「.(ピリオド)」「・(中点)」	使えると決められた以外の記号(×、@、^^ など)

※記号は名前の最初と最後には使えません。

● 会社の名前をつけるときのポイント

あなたの名前は、あなたのことを大事に思う親がつけてくれたように、会社にも、似たような気持ちで名前をつけるといいですね。それは、みんなの思いが反映されたものだといえるでしょう。

地名を入れる

町の名前だよ

会社のある場所の地名を入れると、その地域の人たちに覚えてもらいやすくなるでしょう。また、その地域が観光地として有名になると、全国的に会社の名前が知られるきっかけになるかもしれません。

自分の名前を入れる

ぼくの名前!

自分が会社の社長になるのであれば、自分の名前を入れるのもひとつの方法です。「ヒロ株式会社のヒロさん」なら、お客さんにもわかりやすいですし、自分も会社に愛着がわくでしょう。

仕事の内容を入れる

会社であつかうものや、つくっている商品、サービスを入れるのもおすすめです。「○○青果株式会社」「株式会社△△自動車」など、ひと目でどんな会社かわかるので、お客さんにとっても便利です。

売っているものを入れたよ

会社名になやんだら…

思い入れがありすぎて、名前がなかなか決まらないときは、次のことをヒントに、アイデアを出し合ってみましょう。

★インパクトがあるか

★見た人に興味をもってもらえるか

★どのような会社か想像できるか

★もっと知りたいと思ってもらえるか

★すぐれたアイデアをもっていそうと思ってもらえるか

会社の名前はまっち・ぐー株式会社にしたよ

わたしたちのお店の名前は…**まっち!お茶カフェ**に決めたよ!

起業家の先輩にお話をきいてみよう

本書でもご紹介したとおり、小学生や中学生でも、会社をつくることはできます。ここでは、実際に、小学4年生のときに会社をつくった起業家の先輩である、株式会社moco Earthの取締役社長、モコモコさんこと細井愛茉さんにお話をうかがってみましょう。

・お話をうかがったかた・

細井愛茉さん（モコモコさん）
株式会社moco Earth取締役社長

愛茉さんは、2022年3月、小学4年生のときに、お母さんの細井亜矢子さんと株式会社moco Earthを設立しました。お母さんの亜矢子さんが代表取締役、愛茉さんが取締役社長を務めています。多くの人に環境問題をはじめとして地球上の問題を知ってもらい、行動を起こしてもらえるように、廃材アートや展示会、ワークショップ、ごみ拾いゲームSAMURAI TRUSH（サムトル）の遊びを通して価値改革の活動をおこなっています。

明かりのついた自分の部屋は「当たり前」？

——モコモコさんは、小学4年生のときに、株式会社moco Earthを設立されましたが、それまではどんな小学生生活を送っていましたか？

朝起きて、学校に行って帰って来て、明かりのついた自分の部屋の自分のつくえの上で勉強する。そんな毎日を送っていましたが、それを「当たり前」だと思っていました。

——ところが、コロナ禍で一変します。

はい、2020年の春でした。学校閉鎖になって、通っていた習いごとにも行けなくなって。そこでオンラインの習いごとができるプログラムを知り、申しこみました。そのなかで、環境活動家の谷口たかひささん、バングラデシュの子どもたちに教育支援をしている三輪開人さんのお話を聞く機会があり、衝撃を受けました。

環境イベントに参加したときのモコモコさん。SDGsに関連したグッズを販売し、その売上金を環境保護団体などに寄付する活動も。

「地球に住まわせてもらっている」という感覚に

――どんなところが衝撃でしたか?

谷口さんのお話では、「環境に無関心な人はいても、無関係な人はいない」という言葉が、ものすごくしっくりきました。「環境なんて興味ないし」と思っている人もいるかもしれないけど、地球に住んでいる以上は、その人にも関係するお話なんだという説明を受けて、それまで環境について何も知りませんでしたから、「確かに関係あるなあ。『わたしたちが地球に住んでいる』のではなくて、『わたしたちが地球に住まわせてもらっている』んだ」。そんな感覚になりました。

街灯の下で勉強する子どもたち

――三輪さんのお話はいかがでしたか?

「バングラデシュの子どもたちは、夜、街灯の下で勉強する」というのを聞いて、びっくりしました。自分と同じ年、もしくは年下の子たちが、暗がりのなかで、そんなに大変な思いをしているなんて……。じつはわたしが思っていた「当たり前」は、国や環境がちがえば、「当たり前」ではないんだと初めて気づきました。こうした現状を自分が知ったからには、「この勉強した時間をむだにせずに、何かもっと行動したい」という気持ちがわき上がってきました。

そして、実際に起こした行動として、まずはオンライン習いごとのなかで部活をつくりました。「SDGs部」という、環境について考えて、そこからちゃんと行動することを目的にした部活です。そこで、目標のひとつとして、「アースデイ東京での環境イベント出店」をかかげ、クラウドファンディングを経て、実現しました。そこでの売上金を環境保護団体へ寄付するなどの活動をしていました。

最初はモコモコさんがひとりで起こした行動が、やがてたくさんの人たちが参加する環境保護活動へつながった。

mocoEarth 事業計画書

内容：小学生起業家 ×SDGs

- なぜ起業したいか
- 事業内容
- 応援！！

なぜ起業したいか

今の価値を逆転させたい。
光を見なかったものが価値あるものになる社会を作りたい。

株式会社 moco Earth の事業計画書。「なぜ起業したいか」に「今の価値を逆転させたい」とはっきり書かれている。

なぜ、今起業したいのか

SDGsは、2030年までの目標で
「SDGs」が定着するのに時間がかかる。
また、利益が出にくいと言われている。
しかし、今は世界でSDGsの動きが出ている。
今、行動することで
2030年以降は定着している可能性が高い。

事業内容

①アップサイクル
×SNS
（メディア運営）

②イベント企画

③グッズ販売

応援！！

私の力はとても小さいです。すぐに踏み潰されることでしょう。
それでも、この社会を変えることができると信じています。
そのために行動します。それしか、できません。
どうか力を貸してください。

私は会社を運営するにあたり、メンターが欲しいと思っています。指導してくれる方、相談できる方。また、一緒に運営に関わってくれる方。
親が貯めてくれていた学資保険100万円を解約し運転資金に回します。それでも足りません。私に出資してください！
私たちの未来を一緒に支えてください！！

「今の価値を逆転させる」ために

――そこから、どのようにして会社設立にいたったのでしょうか？

まず「今の価値を逆転させたい」という思いがありました。あるとき、海で拾った「ごみ」を、わたしが描いた絵にはりつけてみたら、かわいくなったなと思ったのです。本来価値のない「ごみ」が、こうすることで価値が出ると気づいた瞬間でした。そしてこの絵が売れれば、さらにこの「ごみ」が「アート」として、また新しい価値を生み出すと考え、廃材を使った絵を販売することにしました。

そもそもSDGs活動は、時間もコストもかかるので、利益が出にくいといわれています。ですが、わたしが廃材アートを売って利益を出せたら、それは価値のなかった「ごみ」の価値と、利益が出にくいはずのビジネスの価値を、両方とも逆転させたことにつながります。だからこそ、わたしが会社をつくって、SDGsのビジネスで利益を出せたら、「今の価値を逆転させた」証明にもなりますし、地球にも貢献できたことになると思いました。

――そして書かれたのが、この事業計画書。

そうです。株式会社moco Earthは、主な事業として、廃材アートの制作、販売のほかに、「SAMURAI TRUSH 〜スピリチュアルワールド〜」、略して「サムトル」というごみ拾いゲームのイベントをおこなっています。

これまでに「サムトル」は東京、千葉などの4か所で開催（2023年11月現在）。目標は15か所！

これらが「サムトル」の仮想通貨「ゴーミー」に換わる。いくらぐらいになるかな？

「会社」は手段であり、目的ではない

——「サムトル」とはどんな活動ですか？

昔は侍が刀を持って、主人のためにはたらいていましたが、刀の代わりにトングを持って、地球のためにはたらこう、という思いから名づけました。まず、トングで川や海のごみを拾って集めます。すると、そのごみの量に応じて、アプリ内の仮想通貨に換金ができるようになっています。仮想通貨をためれば、地域の特産品などの景品と交換できるので、それをめざして、ごみ拾いをゲームのように楽しめるしくみになっています。

——では最後に、起業をめざす人に、メッセージをお願いします。

「会社」は、「お金を生み出す」ための「手段」であって「目的」ではありません。たとえば、「50万円かせぐ！」とするよりも、「○○をするために50万円が必要」という意味づけです。つまり、数字を意識するよりも、「どうなりたいか」が大切。お金は人から人に渡って、ぐるぐる回っているんですよね。「ありがとう」と言って、渡して、商品に変わります。お金には「日本銀行券」と印刷されていますが、実はポイントカードなのかもしれません。「利益を出す」のは、「ありがとうポイントを増やす」こと。それを意識していれば、応援してくれる人も増えて、うれしいことがたくさん待っていると思います。

カフェの名前
決めました！

町の特産品の
お茶をメインにした
カフェにしたいと思います

まっち！
お茶カフェ

コーヒーじゃなくて
お茶なんだね

なるほど

お茶なら
子どもから大人まで
年齢に関係なくだれでも
飲めるでしょう？

冷たいお茶はあまくしても
おいしいし…

まっ茶を使った
おかしもありますよね

いろいろな世代の人に
来てほしいってことだね

いいね〜

はい！

うーん…
そうすると

わしの店では
ちょっとせまいかな…

そっか…

そうだ！　それなら
わたしが持っている
空き家を貸してあげるよ

商店街から歩いて
5分くらいの
ところにあるんだ

明日は土曜日だし
午後なら案内できるよ

ありがとう
ございます！

カフェを開業するために どれくらい費用がかかるの？

会長さんの古民家を借りられることになったアヤたち。まずはお店のイメージをつくり、どれくらいの費用がかかりそうか考えてみましょう。最初からすべてを思い通りのものにするのはむずかしいので、これだけは絶対に必要といったものから準備するようにしましょう。

● お店のイメージをかためよう

もとの古民家の間取りをいかして、たたみの部屋と広い土間を客席にします。土間はリモートワークや読書スペースとしても使います。土間からはなれた広い縁側をキッズスペースにすると、静かにすごしたいお客さんにも配慮できるでしょう。

キッチンのシンクは、調理用と手洗い用を分けておきましょう。キッチン横に、収納をかねた休憩室をつくります。もとの風呂場は多機能トイレにつくりかえて、さまざまなお客さんに対応できるようにするといいですね。

休憩室
食材や消耗品のストックを収納しておくスペースもかねた、スタッフの休憩室。荷物をしまえるロッカーや、座ってひと息つけるベンチなどを置きます。

キッチン
メニューの種類が多くなければ、家庭用の冷蔵庫とシンクが使えます。ただし、飲食店の場合は設置するシンクに条件があるので注意。

キッチンのドア
客席とキッチンがとびらで仕切られていることが必要。

トイレ
トイレは複数あると便利です。ひとつは多機能トイレにして、さまざまなお客さんに配慮します。

（間取り図）

- 休憩室
- ロッカー
- ベンチ
- ストック棚
- おむつ台
- 勝手口
- 作業台
- 冷蔵庫
- 食器棚
- 洗面所
- トイレ
- 多機能トイレ
- 非常口
- 客席
- レジ
- 入り口

キッズスペース
古民家の広い縁側をキッズスペースとして開放します。縁側から庭におりることもできます。おむつ台やベビーベッドがあると便利！

客席
古民家カフェらしく、たたみの部屋を客席にします。土間のほうにイス席もつくっておくとよいでしょう。

読書やリモートワークスペース
リモートワークや読書、勉強をしたいお客さん用のスペース。

34

● 開業するまでにかかる費用

お店をつくる場所が決まったら、その場所をイメージに合わせた外観や内装にするための費用を考えます。また、提供するメニューを調理するための設備や、食材を保存しておく冷蔵庫、そのほか食器や食器棚など、さまざまな費用がかかります。お客さん用のテーブルやイスも必要です。

> 会長さんの古民家はつくりがしっかりしているので、必要最低限の補修工事と、水道やガスの配管工事だけにして、費用をおさえることにします

内装費・改装費

建物の外観や内装を、お店のかたちに合わせて新しくしたり、直したりするのにかかる費用です。今回は、古民家を利用するので、古くなった部分を修理したり、お客さんが入る空間の内装を新しくしたりする必要があります。塗装などを自分たちでおこなうと費用をおさえられます。

約120万円

設備費

カフェの場合、食べ物などをつくってお客さんに提供するので、ガスレンジや調理台、食器を洗うためのシンク、冷蔵庫などさまざまな設備の費用が必要です。すべて新品でそろえなくてもよいので、中古品を販売する専門店やインターネットを活用して費用をおさえましょう。

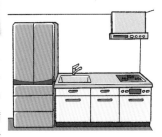

約40万円

備品費

コップや食べ物をもりつけるお皿などの食器類、お客さんが座るイスやテーブルなども用意します。メニューに合った器を持ちよったり、いろいろな人によびかけてイスやテーブルを寄付してもらったりして、お金をできるだけ使わずお店のイメージをつくる工夫をしましょう。

約10万円

宣伝費

お店の存在をたくさんの人に知ってもらうために、お店のホームページをつくったり、チラシをつくってお店の近所の人たちに配ったり、宣伝にかかる費用もあるとよいですね。ひとりでも多くの人の目にとまるような工夫が必要です。宣伝が得意な大人に協力してもらうとよいでしょう。

約10万円

● そのほかにかかる費用を調べてみよう

カフェの場合は「飲食店」にあたるので、お店を開くには、最寄りの保健所に「飲食店営業許可申請」を、消防署へ「防火対象物使用開始届」を申請する必要があります。ほかに、「食品衛生責任者」「防火管理者」の資格が必要なので、それぞれに費用がかかります。

> カフェを開くために必要な資格をとるためにもお金がかかるよ

メニューをつくるために
どれくらい費用がかかるの?

お店の設備にかかる費用を計算したら、次はお客さんに出す商品であるメニューをつくるのに、どのくらいの費用がかかるのかを考えます。それぞれのメニューに対し、材料には何を使って、食材にどれくらい費用がかかり、そしてどこから仕入れるのがよいのか考えていきましょう。

● メニュープランをつくって必要な材料を考える

実際にお客さんにはどんなメニューを提供するのか具体的に考えてみましょう。それぞれのジャンルでメニュープランを作成して、それぞれに使う材料をあげていき、費用を計算してみましょう。

> メインのドリンクは地元の特産品のお茶に決めたよ!

ドリンクメニュー
- お茶 (ホット／アイス)
- まっ茶 (ホット)
- アイスまっ茶
  (アイスクリームのせ)

フードメニュー
- ホットケーキ
- ホットドッグ
- フライドポテト

おやつメニュー
- クッキー
- 焼き菓子
- せんべい

材料

〈お茶の場合〉
- 茶葉
- お湯
- 氷

材料

〈ホットドッグの場合〉
- パン
- ソーセージ
- ケチャップ
- マスタード

材料

地元のお店などからまとめて購入し、少し金額を上乗せして販売する

1つの購入費 **80円**

1杯の材料費 **30円**

1つの材料費 **100円**

> 地域の福祉作業所でつくっている焼き菓子を売るなど、地元の人たちがつくったものを販売できるといいですね

● 1日、1か月にかかる費用を出してみよう

それぞれのメニューにかかる費用がわかったら、次はそのメニューが営業時間の間に、どのくらいの数が出るのかを予測してみましょう。

1 営業する時間を決める

お客さんが来られる時間帯と、自分たちがお店に出られる時間帯を照らし合わせ、お店の営業時間を決めます。メニューを準備する時間も頭に入れておきましょう。

平日 16：00〜20：00（4時間）
休日 10：00〜17：00（7時間）

平日は学校が終わってから開店するよ

2 1日にどれくらいお客が来るか考える

お客さんがお店でくつろぐ時間を、ひとり当たり約1時間と考えます。客席数が24席なら、いつも満席とはかぎらないので、約8割の20席がうまると仮定します。そこに営業時間数をかければ、1日の来客数がわかります。

平日のうち1日は定休日として平日4日、土日2日で計算しよう

平日 ・24席のうち20席うまる
・1時間で入れかわる

→ 20人 × 4時間 ＝ **80**人

休日 ・24席のうち20席うまる
・1時間で入れかわる

→ 20人 × 7時間 ＝ **140**人

平日 80人 × 4 日 ＝ 320人
休日 140人 × 2 日 ＝ 280人

1週間で **600**人

1か月を4週間とした場合

1か月で **2400**人

3 1か月にかかる材料費を考える

お客さんひとり当たりの材料費を考えます。8割のお客さんがドリンクメニューから1つ、6割のお客さんがフードメニューから1つ、3割のお客さんがおやつメニューを1つ注文すると仮定して計算してみましょう。

調理をするためのガスや電気、水道料金もかかるよ

 お茶 → 2400人 ×0.8× 30 円＝ 57,600円
ホットドッグ → 2400人 ×0.6×100円＝144,000円
おかし → 2400人 ×0.3× 80 円＝ 57,600円

1か月の材料費 **259,200**円

● どこから仕入れる？

食材の仕入れ先は、近所の小売店、市場、専門の卸売業者、生産者などいろいろあり、それぞれにメリット、デメリットがあります。今回は地元の産業を元気にすることが目的なので、地元の生産者から直接仕入れることにします。生産者から仕入れることのデメリットに食材の種類が少ない、季節によって食材が変化するといったことがありますが、メニューを季節ごとに変えるなどの工夫をします。

近所の小売店

急に食材が必要になったときに買うことができますが、生産者よりも価格が高くなります。

専門の卸売業者

専門の卸売業者からは、小売店よりも安く仕入れることができ、たくさんの食材をいっぺんに仕入れることができます。

市場

さまざまな食材がそろっていて、生産者からほしい食材が手に入らないときにはたよりになります。

お店を運営するために どれくらい費用がかかるの？

お店を開くための準備にもお金がかかりますが、お店がオープンすると、毎月運営していくためのお金がかかってきます。どんなものにお金がかかるのか考えてみましょう。

● お店を運営するための費用

お店を運営するためには、家賃や人件費のような毎月必ず同じ金額が必要になる「固定費」と、売り上げによって変動する食材の購入費や調理に使う光熱費などの「変動費」が必要になります。

お店にかかる費用は固定費と変動費のふたつに分けられるよ

冬はエアコン代などの光熱費が増えた

夏休みは営業時間が長かったので変動費が多い

10月は秋のお祭りでたくさんお客が来るので、変動費が多くなる

1月 2月 3月 4月 5月 6月 7月 8月 9月 10月 11月 12月

変動費

毎月「変動」する費用のことです。売り上げに連動して変わる食材の仕入れ費や光熱費※、パートやアルバイトの人件費などに支払うお金です。

※毎月定額で契約する光熱費は固定費にふくまれます。

今回は、家賃は10,000円でいいよ！

固定費

金額が「固定」している、つまり毎月ほぼ同じ金額でかかる費用のことです。売り上げに関係なく、お店を運営していれば必要になります。アヤたちのカフェの場合、会長さんから借りている古民家の家賃や、お店ではたらく人たち（正社員）に支払うお金などです。

● 運転資金はどれくらい用意すればいい？

お店を開くと毎月固定費が発生し、売り上げに応じて変動費が発生します。開店当初は思うようにお客さんが来ないことはよくありますし、売り上げが上がってもすぐに手もとに入るわけではありません。そのため、固定費と変動費を合わせた「運転資金」を最低2か月分〜半年分用意できると安心です。

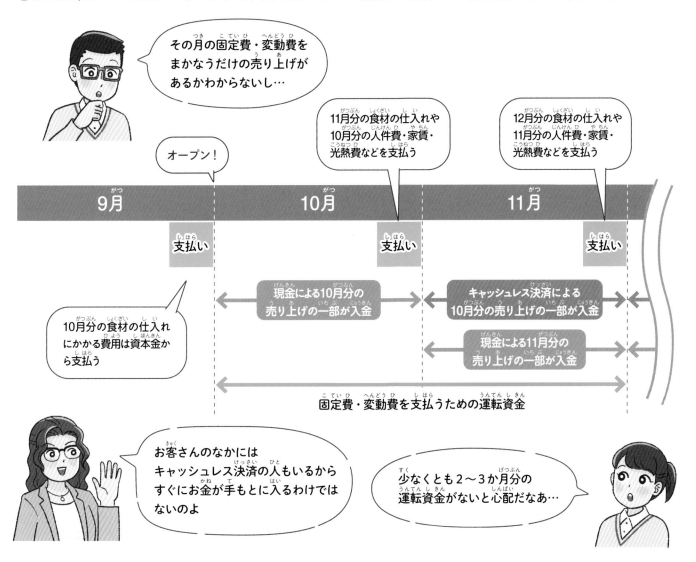

その月の固定費・変動費をまかなうだけの売り上げがあるかわからないし…

11月分の食材の仕入れや10月分の人件費・家賃・光熱費などを支払う

12月分の食材の仕入れや11月分の人件費・家賃・光熱費などを支払う

オープン！

| 9月 | 10月 | 11月 |

支払い　支払い　支払い

10月分の食材の仕入れにかかる費用は資本金から支払う

現金による10月分の売り上げの一部が入金

キャッシュレス決済による10月分の売り上げの一部が入金

現金による11月分の売り上げの一部が入金

固定費・変動費を支払うための運転資金

お客さんのなかにはキャッシュレス決済の人もいるからすぐにお金が手もとに入るわけではないのよ

少なくとも2〜3か月分の運転資金がないと心配だなあ…

● 売り上げが入るまでタイムラグがある

お店がオープンすると、食材の仕入れ費や光熱費など、日々お金が出ていきます。たくさんのお客さんが来ても、クレジットカードなどのキャッシュレス決済だと、すぐに現金が手に入るわけではありませんので、そのことを考えに入れて運営をする必要があります。

デビットカード・クレジットカード

カード会社によって異なりますが、お店への入金が1〜2か月後になります。

電子マネー・プリペイドカードなど

アプリやカードにお金をチャージしておく方法です。決済後、数日〜1か月くらいで入金されます。便利ですが、お店に導入するとき、システムの導入費用や手数料などがかかります。

必要な費用をまとめてみよう

これまで、カフェを開こうと考えたときに、どれくらいのお金を用意しなければいけないのか考えてきました。全部でいくらかかるのか、合計した費用をまとめてみましょう。

① 設備資金

カフェを始めるときにかかるお金です。お店の内装や外装を直したりする費用、調理をするために必要な設備を整える設備費、お客さんが使う食器などの備品費、お店をたくさんの人に知ってもらうための宣伝費、その他、カフェを開くのに必要な手続きにかかる費用などが必要です。

| 内装費 120万円 | + | 設備費 40万円 | + | 備品費 10万円 | + | 宣伝費 10万円 | + | その他 20万円 |

約200万円

最初はお金をかけずに小さなお店にしておくといいかもしれないね

人件費が増えないように、最初は少ない人数で始めるといいのかも…

② 運営にかかる固定費

毎月ほぼ同じ金額でかかる、つまり金額が「固定」している費用です。アヤたちは、会長さんから古民家を借りてカフェを運営するので、毎月の家賃、お店でお客さんのために料理をつくる人や、お客さんに料理を運ぶ人など、カフェではたらいている人たちに支払う人件費などがかかります。

家賃・人件費など 約40万円

40

④ 運転資金

オープン前にメニューをつくるための材料費などの支払いがあり、オープン後も売り上げの全額が手もとに入るまで少し時間がかかります。それまでの間お店を運営していくための「運転資金」を用意しておきます。毎月の「固定費」と「変動費」を合計した額1か月分が「運転資金」となります。想定したよりもお客さんが来ないことも考えられるので、2か月分くらい用意しましょう。

$$\left(\boxed{\begin{array}{c}\text{運営にかかる}\\\text{固定費}\\40万円\end{array}} + \boxed{\begin{array}{c}\text{運営にかかる}\\\text{変動費}\\35万円\end{array}} \right)$$

$$\times \boxed{2か月分} = \boxed{約150万円}$$

お店の運営が安定するまでの運転資金は、できれば半年分くらい用意できるといいわね

お祭りのときなどはお客さんが増えそうだから、売り上げが増えるいっぽうで消耗品にお金がかかるかも

③ 運営にかかる変動費

月によって金額が変わる「変動費」は、メニューの材料費や光熱費、トイレットペーパーなどの消耗品などにかかる費用です。季節や天候に影響を受ける場合も多いですが、どのくらい変動するかの予測は、ある程度立てておきましょう。

$$\boxed{\begin{array}{c}\text{原材料費・消耗品・水道光熱費など}\\約35万円\end{array}}$$

①+④の合計
約350万円

開店までのスケジュールを考えよう

カフェを開いて、そのカフェを運営する会社をつくるために、どのような予定を組めばよいのか、考えてみます。一度おおまかなスケジュールを立ててみて、だれがどんなことを進めていくのか、役割分担も決めるとよいでしょう。予定通りにいかない場合も想定して、ある程度よゆうをもったスケジュールにしましょう。

	4月	5月	6月
会社設立の準備	・会社の理念を考える ・事業計画書をつくる ・社名を考える ・定款（会社の決まり）をつくる ・ロゴマークをつくる	・登記書類を準備する ・会社の印鑑をつくる 代表者印、銀行印、角印の3種類がある。いっしょに自分の印鑑もつくっておこう。 ・銀行に自分の口座をつくる	・会社の基本的なルールを定めた定款を決め、提出する 電子定款ならインターネットで提出できるので便利だよ ・資本金を集めるため、クラウドファンディングを開始する
カフェ開店の準備	・店名を決める ・開店場所を決める 会社の本社の所在地とお店の場所は別にしたよ	・お店のレイアウトを考える ・内装工事の相談 ・メニューを考える	・内装工事を始める ・メニューを決める ・メニューの試作をする ・仕入れ先を探す

けっこう
やること
多（おお）いね…

夏休（なつやす）みを
うまく使（つか）い
たいなあ

役所（やくしょ）などへの申請（しんせい）は、
大人（おとな）といっしょに
行（い）くといいよ

わたしに
できることは
手伝（てつだ）うからね

楽（たの）しみ
だねえ

7月（がつ）	8月（がつ）	9月（がつ）	10月（がつ）
・銀行（ぎんこう）の自分（じぶん）の口座（こうざ）に資本金（しほんきん）をふりこむ ・法務局（ほうむきょく）へ会社設立（かいしゃせつりつ）の登記申請（とうきしんせい）をする 会社（かいしゃ）ができたよ！	・電話番号（でんわばんごう）やインターネットのドメインを取得（しゅとく）する ・会社設立後（かいしゃせつりつご）、税務署（ぜいむしょ）や年金（ねんきん）事務所（じむしょ）へ法人設立届（ほうじんせつりつとどけ）などを提出（ていしゅつ）する ※自治体（じちたい）へも提出（ていしゅつ）します。 ・はたらいてくれる人（ひと）を募集（ぼしゅう）する アルバイト募集 時給 1,200円	・はたらく人（ひと）が決（き）まる ・はたらく人（ひと）の労災保険（ろうさいほけん）に入（はい）る	カフェオープン!!
・17歳以上（さいいじょう）の人（ひと）に「食品衛生責任者（しょくひんえいせいせきにんしゃ）」と「防火管理者（ぼうかかんりしゃ）」の資格（しかく）をとってもらう 資格（しかく）をとれる年齢（ねんれい）になったら、自分（じぶん）でもとるといいよ ・お店（みせ）で使（つか）う調理道具（ちょうりどうぐ）、テーブルやイスなどを購入（こうにゅう）する ・看板（かんばん）をつくる	・保健所（ほけんじょ）や消防署（しょうぼうしょ）へ許可申請（きょかしんせい）をする ・ホームページをつくる 食中毒（しょくちゅうどく）などにそなえて、損害保険（そんがいほけん）にも入（はい）ったほうがいいよ	・チラシやポスターで開店（かいてん）のお知（し）らせをする ・お店（みせ）ではたらくシミュレーションをする ・何日（なんにち）かおためしで営業（えいぎょう）するプレオープンをおこなう	

43

事業計画書をつくってみよう

事業計画書は、自分が考えているプランをほかの人に理解してもらうための、プレゼンテーションの資料のようなものです。「おもしろい計画を立てているんだな。ぜひ協力したい！」と多くの人に思ってもらえるように、具体的な事業計画書をつくってみましょう。自分自身のプランを具体的に考えることにもつながります。

①どうして会社やお店をつくりたいと思ったのか書こう

〈創業の動機〉
さびしくなってしまった商店街に、にぎわいを取りもどしたい！
さまざまな世代の人がおとずれ、ほっとひと息つけるような、いこいの場所をつくりたい。

> 会社やお店をつくりたいと思ったきっかけを書く。熱い思いを伝えれば、その熱意に動かされる人が出てくるはず。

②自分がこれまでにやってきたことをアピールポイントにしよう

〈過去の経験〉
学校の町おこし部で、子ども会の夏祭りを運営した。
毎月、町内のごみ拾いのボランティア活動をしている。

> 今まで何をしてきたか、何ができるかを伝える。「きっかけ」を実現するための具体的な実績をアピールする。

③取りあつかう商品やサービスについてまとめよう

〈商品〉
町の特産品であるお茶をメインとしたメニュー。地元でつくっている、お茶を使ったおかしなども販売。

> 町を元気にするため、地元の産業を活発にするためには、どんな商品がよいのか、ほかのお店とのちがいをアピールする。

〈サービス〉
古民家を利用したくつろぎの空間。
さまざまな世代の人が集ういこいの場所。

> お店に来たお客さんに、どんな空間やサービスを提供できるか書こう。

〈ターゲット〉
子ども、お年寄り、小さな子がいるお父さんお母さん、
商店街の近くに住む人、将来的には観光客も。

> どんなお客さんに来てほしいかを考える。世代、住んでいる場所など、具体的にお客さんの顔を思いうかべる。

〈環境〉
町の商店街に近く、住宅街の端にあるので、周辺の人が足を運びやすい。

> たとえば「駅から近い」「緑が豊か」など、お客さんが足を運ぶきっかけとなるような、会社やお店があるのはどんなところかを伝える。

④必要な資金をまとめよう。

	必要な資金	見積先	金額
設備資金	店舗・什器など		200万円
	（内訳）		
	・店舗内外装工事	ふくふくリノベーション	120
	・厨房設備	いわさきドットコム	40
	・什器・備品	リサイクルショップ	10
	・宣伝費	まち・コミ！	10
	・その他申請等		20
運転資金	食材仕入れ・経費支払いなど		150万円
	（内訳）		
	・家賃・人件費など（2か月分）		80
	・仕入れ・光熱費など（2か月分）		70
		合計	350万円

> お店を始めるときにかかる費用。お店の内装や外装にかかる費用、調理をするための設備費、食器やテーブルなどの備品費、宣伝費などをまとめる。申請にかかる費用もわすれずに。

> 毎月かかる家賃や人件費などの「固定費」と、食材の仕入れや光熱費などの「変動費」を合わせたお金。お店を運営していくための費用。2か月分以上用意できるとよい。

⑤資金の調達方法はどうする？

調達方法	金額
自己資金（お年玉貯金）	20万円
親から借りる？	？
足りない分はどうしよう？	？
合計	350万円

> ふたつの金額が同じになるように。

> それじゃあ、2巻では資金の集め方を考えてみよう

会社をつくるためのお金ってどうやって集めたらいいんですか？

事業計画書はできたけど資金が足りない…

もっと知りたい！会社づくり用語集

印鑑登録（いんかんとうろく）

さまざまな契約に使う印鑑を役所に登録して、公的に認めてもらうこと。15歳以上の個人や法人が登録できる。

株式（かぶしき）

株式会社が資金を出してくれた人に発行する証券（証明書のようなもの）のこと。株式を発行して得た資金は、出資者に返済する義務はないが、利益が出たときは株式数に応じて配当金を渡す必要がある。

固定費（こていひ）

お店や会社を運営するにあたり、毎月必ず発生する費用のこと。家賃や正社員の人件費が固定費となる。

株主（かぶぬし）

株式会社から株式を買った人のこと。株式をもつことで、その会社の経営に意見をすることができ、利益が出たときは配当金をもらえる。また、その会社の商品やサービスを「株主優待」としてもらえることもある。

変動費（へんどうひ）

毎月の売り上げによって変動する費用のこと。食材費、備品費、水道光熱費、アルバイトやパートの人件費などが変動費となる。

配当金（はいとうきん）

株式会社に利益が出たときに、株主に分配される現金のこと。配当金を出すかどうかは会社ごとに決めるため、配当金を出さない会社もある。その場合、会社の利益は今後の設備投資などにあてられることが多い。

運転資金（うんてんしきん）

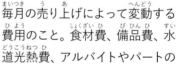

毎月の固定費と変動費を合わせた費用のこと。売り上げは全額がすぐに手もとに入るわけではなく、思うようにお客さんが来なくて売り上げが少ないこともあるので、お店や会社を運営していくために2〜6か月分準備しておくと安心。

商号（しょうごう）

会社の名前のこと。会社を設立するときは、必ず「商号」を決めて法務局で登記することが決められている。どんな名前でも自由につけていいわけではなく、一定のルールにしたがって決める。

事業計画書（じぎょうけいかくしょ）

自分がどのような計画を立てているか、ほかの人にわかるようにまとめたもの。自分がやりたいことを明確にし、金融機関などからお金を借りるときにつくることが多い。

さくいん

あ
アルバイト …… 38, 46
市場 …… 37
移動販売 …… 10, 14
印鑑証明書 …… 22
印鑑登録 …… 22, 46
飲食店営業許可申請 …… 35
運転資金 …… 39, 41, 45, 46
営業時間 …… 37, 38
SDGs …… 12, 13, 28, 29, 30
卸売業者 …… 37

か
会社法 …… 22
改装費 …… 35
株式 …… 23, 46
株式会社 …… 22, 23, 26, 27, 28, 46
株式市場 …… 23
株主 …… 23, 46
株主総会 …… 23
間伐材 …… 12
規格外 …… 12, 13
起業 …… 16, 17, 30, 31
起業家 …… 16, 28
キッチン …… 34
客席 …… 34
客席数 …… 37
キャッシュレス決済 …… 39
業種 …… 27
クラウドファンディング …… 29, 42
クレジットカード …… 39
経営者 …… 23
決算報告 …… 23
合資会社 …… 22
合同会社 …… 22, 23, 26
光熱費 …… 38, 39, 41, 45, 46
合名会社 …… 22

小売店 …… 37
国税庁 …… 26
個人事業 …… 21
個人商店 …… 19
戸籍謄本 …… 22
固定費 …… 38, 39, 40, 41, 45, 46

さ
サービス …… 10, 11, 15, 20, 21, 23, 27, 44, 46
材料費 …… 36, 37, 41
雑居ビル …… 14
仕入れ …… 37, 39, 45
事業 …… 21, 23, 24, 25, 30
事業計画書 …… 30, 42, 44, 45, 46
事業者 …… 21
資金 …… 23, 45, 46
自己資金 …… 45
資本金 …… 21, 39, 42, 43
借金 …… 21
従業員 …… 21, 22
出資 …… 21, 23
出資者 …… 23, 46
商号 …… 26, 46
上場 …… 23
商標登録 …… 26
消防署 …… 35, 43
食品衛生責任者 …… 35, 43
人件費 …… 38, 39, 40, 45, 46
生産者 …… 37
正社員 …… 38, 46
税務署 …… 43
設備資金 …… 40, 45
設備費 …… 35, 40, 45
宣伝費 …… 35, 40, 45
損害保険 …… 43

た
たい肥 …… 12
代表取締役 …… 22, 28
代表取締役社長 …… 23
定款 …… 42
テナント …… 14
デビットカード …… 39
電子定款 …… 42
電子マネー …… 39
登記 …… 26, 42, 43, 46
特産品 …… 9, 12, 13, 31, 32, 36, 44
取締役 …… 22, 23
取締役会 …… 23

な
内装費 …… 35, 40
ネットショップ …… 14
年金事務所 …… 43

は
配当金 …… 23, 46
備品費 …… 35, 40, 45, 46
プリペイドカード …… 39
変動費 …… 38, 39, 41, 45, 46
防火管理者 …… 35, 43
防火対象物使用開始届 …… 35
法務局 …… 26, 43, 46
ホームページ …… 35, 43
保健所 …… 14, 35, 43

や
役員 …… 22, 23
家賃 …… 38, 39, 40, 45, 46
融資 …… 21

ら
利益 …… 16, 20, 21, 23, 30, 31, 46
理念 …… 20, 24, 25, 42
リノベーション …… 33
労災保険 …… 43
労働基準法 …… 22
労働者 …… 22
路面店 …… 14

監修者

あんびるえつこ

文部科学省消費者教育アドバイザー。1967年、神奈川県横須賀市生まれ。新聞社で生活経済記事を担当しながら、日本FP協会認定ファイナンシャルプランナーの資格を取得。出産を機に退社後は、家庭経済の記事を新聞や雑誌に執筆。講演活動も精力的におこなう。全国の学校でおこなわれている授業「カレー作りゲーム」の考案者でもある。一男一女の母。「子供のお金教育を考える会」代表、ASK依存症予防教育アドバイザー。

福島美邦子（ふくしま・みなこ）

立教大学文学部心理学科（産業心理学・マーケティング専攻）卒業。マーケティングリサーチ会社にて商品開発・戦略立案、消費者調査等実務経験を積んだのち、フリーのプランナーを経て、2013年にリノベーション＆インテリアコーディネート・マーケティングコンサルをおこなう㈱プランニングオフィス Room375を起業。デザイン・現場監理、マーケティング業務のかたわら、まちづくりコミュニティ活動にも参加。

[スタッフ]
●装丁・デザイン　高橋里佳(有限会社ザップ)
●マンガ・イラスト　小川かりん
●校正　　　　　株式会社みね工房
●編集制作　　　株式会社 KANADEL
●編集協力　　　尾針菜穂子

[協力]
大野圭司(株式会社ジブンノオト)
株式会社moco EARTH

会社をつくろう —お金と経済のしくみがよくわかる本—①
どんな会社をつくりたい？

2024年2月29日　第1刷発行

監修者　　あんびるえつこ　福島美邦子
発行者　　小松崎敬子
発行所　　株式会社岩崎書店
　　　　　〒112-0005 東京都文京区水道1-9-2
　　　　　TEL 03-3812-9131(営業)　03-3813-5526(編集)
　　　　　振替 00170-5-96822
印刷所　　図書印刷株式会社
製本所　　大村製本株式会社

Published by IWASAKI Publishing Co.,Ltd
Printed in Japan NDC335 ISBN978-4-265-09170-6 48P 29×22cm
岩崎書店ホームページ　https://www.iwasakishoten.co.jp
ご意見、ご感想をお寄せください。info@iwasakishoten.co.jp
乱丁本、落丁本は小社負担にてお取り替え致します。

会社をつくろう

お金と経済のしくみがよくわかる本

全3巻

監修 あんびるえつこ・福島美邦子

① どんな会社をつくりたい？

② 会社をつくる準備をしよう

③ さあ会社がスタート！